Contenido

INTRODUCCIÓN 4

CAPÍTULO 1– TRADING ONLINE 7

1.1– El nacimiento y la evolución del trading . 13
1.1.1 – El trading online 21
1.1.2 – El World Wide Web 24
1.1.3 – La revolución financiera estadounidense
.... 28
1.1.4 – Trading online en Italia 34
1.2 – Los requisitos para convertirse en un
trader 38
1.2.1 – Money Management 43
1.2.2 – Risk Management 45
1.2.3 – Equilibrio y control de la psicología 46

CAPÍTULO 2 – LAS HERRAMIENTAS DEL TRADING ONLINE 49

2.1 – LOS PRINCIPALES INSTRUMENTOS FINANCIEROS NEGOCIADOS...52
2.1.1 – ACCIONES...53
2.1.2 – BONOS..55
2.1.3 – VALORES DERIVADOS 58
2.1.4 – LOS CFD 60
2.1.5 – OPCIONES Y OPCIONES BINARIAS..................62
2.1.6 – EXCHANGE TRADED FUND 64
2.1.7 – EXCHANGE TRADED COMMODITY 66
2.1.8 – EXCHANGE TRADED NOTES.........................68

2.2 – LOS FUTURES..71
2.2.1 – EL NACIMIENTO DE LOS FUTURES 72
2.2.2 – LOS DISTINTOS TIPOS DE CONTRATOS............75
2.2.3 – CÓMO FUNCIONAN LOS FUTURES.................77
2.2.4 – FUTURES Y CFD...80
2.2.5 – FUTURES E FORWARD 82

2.2.6 – Para qué sirven los márgenes 83
2.2.7 – Las autoridades reguladoras y las Clearing House 85
2.3 – La normativa del trading 89

CAPÍTULO 3 – LOS BROKER ONLINE 93

3.1 – El rol de los broker online 95
3.2 – Tipos de broker online............................98
3.2.1 – Los Bancos 99
3.2.2 – Empresas de Inversión Mobiliario (SIM) 100
3.2.3 – Los broker extranjeros........................102
3.3–Instituciones de supervisión...................104
3.4 – Cómo elegir el bróker en el cual confiar
....107

Introducción

En los últimos años, los mercados financieros han acogido cada vez a más personas. La razón principal de este aumento se encuentra en la creencia equivocada de que el comercio en línea (trading online) puede conducir a simples ganancias, gracias también al uso de plataformas que simplifican enormemente la tarea del comerciante (trader).

De hecho, la actividad de inversión en los mercados financieros no es fácil. Cada operación abierta y cada entrada en el mercado debe ser el resultado de una estrategia bien pensada, pero también un análisis en-profundidad del mercado. Esto se debe a que las fluctuaciones presentes en los mercados de este género no son el resultado del azar, sino que son generadas por una serie de acontecimientos: esto significa que es posible anticipar las evoluciones del mercado.

Por lo tanto, es importante que un trader fije determinados objetivos e intente alcanzarlos. El listón tendrá que ser elevado cada vez más, pero esta mejora personal tendrá que hacerse de una manera racional, para evitar establecer metas irreales e imposibles de alcanzar.

Capítulo 1– Trading online

El trading online se puede considerar como la modalidad de realizar y gestionar inversiones en los mercados financieros, desde cualquier lugar. Puede ser realizado mediante la utilización de un dispositivo con acceso a Internet y un conexión rápida y estable. Es ya posible gestionar las propias inversiones también desde los teléfonos inteligentes que, gracias a algunas aplicaciones, permiten tener una vista del mercado en tiempo real.

Por lo tanto, el trading significa comprar o vender productos financieros, aprovechando de las bajas tasas impuestas por el bróker (corredor): el objetivo es anticipar las fluctuaciones futuras del mercado, abriendo posiciones respecto a la subida o al descenso en el valor de un trend en un cierto momento de tiempo. Una definición de este tipo puede hacer pensar que el trading online es una actividad simple, dictada por la casualidad, que no requiere habilidades específicas. El trading online es un mundo completamente opuesto a lo que se acaba de describir. Los trader (comerciantes) son llamados a dedicar tiempo y dinero a estudiar y analizar el mercado en detalle. El objetivo de cada trader (comerciante) es definir una estrategia hipotéticamente sólida y aplicarla en el mercado, manejando la gestión del capital a disposición y los riesgos asociados a las inversiones. Esto es necesario ya que cada una de las oscilaciones estudiadas por el trader puede ser vista como el resultado de las transacciones realizadas por los participantes en el mercado, por las instituciones financiadores y por los stakeholder que alimentan intereses sobre tales transacciones. Esto significa que las oscilaciones no son el resultado del azar. También los movimientos de precios tienden a repetirse de una manera similar en el tiempo. Por esta razón el trader está obligado a analizar la serie histórica de los precios individuales y de los instrumentos financieros observados, para poder identificar las similitudes en el comportamiento de los sujetos y en las condiciones ambientales fuera del mercado. Una vez identificada una similitud de este tipo en un mercado, el trader es capaz de anticipar, con buena probabilidad, los futuros movimientos del trade.

Así que improvisar de ser un trader podría ser contraproducente. Muchos sujetos han logrado hacer del trading online un verdadero y propio trabajo, otros un hobby que permite les complementar su salario, otros sujetos en cambio, han agotado sus enteros activos. El riesgo inherente al trading online debe ser gestionado de una de una manera efectiva e integrada dentro de su propia estrategia de acción.

Otro paso fundamental para poder hacer el trading online es la elección del bróker (intermediario). Por lo tanto, es necesario entender las ventajas ofrecidas por cada uno de ellos, los certificados de garantía de los cuales están en posesión y las herramientas analíticas que ponen a disposición de los trader (comerciantes).

Una vez aplicada la estrategia y seleccionado el broker como intermediario en el mercado financiero, estás listo para invertir.

Hoy en día la característica principal del trading online es la velocidad, que permite abrir y cerra las posiciones en tiempo real. Durante los años no había sido así.

1.1– El nacimiento y la evolución del trading

El nacimiento del concepto de trading se remonta incluso a la época del trueque. El comercio estaba en marcha inicialmente entre mercancías de naturaleza similar, pero muy pronto se introdujeron, como elementos de intercambio, también materiales metálicos preciosos.

Así nacen las primeras monedas, como una garantía de valor y parte clave de cada intercambio, asumen gran importancia ya desde el siglo VII A.C.

Con la afirmación del Imperio Romano, se es testigo de un aumento significativo del volumen del comercio y del uso del dinero. La población aumenta y la moneda se convierte en un bien utilizado comúnmente, especialmente por parte de la aristocracia del pueblo, para realizar operaciones continuas de compra y venta.

En la Edad Media el volumen del comercio sufre un colapso y se da un claro retroceso financiero. En concreto, el feudalismo implicaba un cierre de los intercambios monetarios y comerciales, limitado únicamente a garantizar la supervivencia de los miembros feudales, y casi totalmente interrumpiendo las relaciones ambientales y con sociedades exteriores.

La voluntad de aumentar el valor de la propia economía a expensas de otros llevó a lo largo de los años a la creación de nuevas monedas, cada una con diferentes valores, dependiendo del peso y del metal utilizado. El comercio, por lo tanto, poco a poco recuperó fuerza y fue posible presenciar el nacimiento de una nueva forma de trading. La economía fue gobernada y manejada por los poderosos, los patrocinadores e ilustres familias que controlaban la ciudad, se asistirá progresivamente a una nueva apertura a los mercados exteriores, es decir, el comercio entre diferentes ciudades y pueblos; el aumento de productos y mercancías para el intercambio.

Pero el nacimiento del trading moderno se remonta sólo al período en el que nacen los bancos y se verifica la creación de los primeros billetes.

De esta manera se hace posible transportar valores monetarios, incluso más grandes, sin recurrir al pago hecho con materiales preciosos y muy pesados. Tanto el banco central y por lo tanto, los bancos privados, tenían una doble rol en sociedad: por un lado fueron requeridos para mantener los activos de ciudadanos individuales, por el otro, eran responsables de la impresión y acuñación billetes y monedas. Inicialmente, especialmente en los primeros años del 900', muchos bancos fueron forzados por los gobiernos y para imprimir grandes cantidades de moneda, subestimando completamente el riesgo de entrar en una situación de inflacionaria muy grave.

Por esta razón también, se hizo necesario crear un sistema monetario capaz de garantizar un equilibrio tanto en la impresión como en el uso de monedas individuales. La decisión de unirse a un sistema de este tipo se tomó en 1944, en las conferencias que más tarde se conocieron como los acuerdos de Bretton Woods.

Estos acuerdos identificaron el dólar estadounidense como la moneda en la que confiar, utilizado como parámetro para estimar el valor real de todas las demás monedas. Los inversores que intentaban especular explotando los tipos de cambio, vieron encogerse a partir de este momento, la probabilidad de éxito, en cuanto las oscilaciones alcanzaban valores mínimos y las monedas se estabilizan en valores estándar.

Pero el equilibrio logrado con los acuerdos de Bretton Woods duró muy poco tiempo. De hecho, la decisión de hacer frente a la guerra de Vietnam obligó al gobierno estadounidense a imprimir mucho más dinero, precipitando el valor del dólar y perturbando los mercados financieros y el mundo comercial. De hecho, diversos países decidieron cambiar dólares por oro, un activo considerado mucho más seguro y menos volátil. En este escenario, el presidente de los Estados Unidos de América, Richard Nixon, decidió suspender todas las decisiones tomadas con los acuerdos Bretton Woods.

A pesar de esto, el dólar sigue siendo el punto de referencia en los intercambios de

divisas y los instrumentos financieros, aunque no es la moneda más fuerte y segura del mundo. Con el cese de los efectos después de los acuerdos de

Bretton Woods, cada moneda seguirá su propio cambio. El trader está obligado a identificar factores nacionales e internacionales que pueden afectar a las tendencias de precios y sus tendencias financieras, con el fin de identificar la evolución futura de los mismos.

En estos años, sin embargo, invertir en los mercados financieros no fue fácil. Los trader, de hecho, estaban obligados a pasar horas interminables haciendo cola frente a las sucursales de las entidades de crédito o en los lugares apropiados antes de poder abrir su posición, a veces perdiendo el tiempo más rentable para invertir. Además, las tasas impuestas por los broker en cada operación abierta en el mercado eran muy altas, y por esta razón el comercio se consideraba una actividad reservada sólo para unos pocos sujetos, es decir, sólo aquellos que con su dinero no sólo pudieron pagar las comisiones, sino también cubrir los diversos riesgos asociados con la inversión.

1.1.1 – El trading online

El nacimiento del trading online, por otro lado, sólo debe remontarse a la llegada de Internet. Los corredores han aprovechado el potencial de la web, tratando de atraer a tantos inversionistas como sea posible al mundo del trading online. Para ello tuvieron que reducir significativamente los costos de comisión relacionados con cada transacción individual, permitiendo así también a los operadores con un capital reducido de poder abrir varias posiciones.

Las posibles ganancias, a pesar del bajo valor de la inversión, siguen siendo altas, gracias a la introducción del llamado apalancamiento. A través de este mecanismo, por lo tanto, el trader puede obtener beneficios de 200, 300 o incluso 400 veces mayor que el valor de la inversión. Por supuesto, cuanto mayor sea el aumento ofrecido por el apalancamiento, mayor será el riesgo presente en la transacción que se pretende abrir.

Los broker, que ya no ganan dinero de comisiones, son capaces de obtener beneficios únicamente de los diferenciales, es decir, las diferencias entre los niveles de los precios de diferentes monedas o instrumentos financieros. Además, los broker, al reducir los costos de comisión y abrir los mercados financieros por completo, también han permitido a los inversores inexpertos acceder al mercado. Esto se tradujo en períodos de múltiples quiebras, debido a la dependencia total de los trader en el caso. Por lo tanto, la actividad comercial llevada a cabo sin una estrategia real de gestión de capital ha provocado un gran flujo de beneficios para los broker: estos últimos han sido también han sido acusados de presumir de ganancias fáciles con el fin de traer un número creciente de comerciantes dentro de sus plataformas.

1.1.2 – El World Wide Web

Sin embargo, el trading online se hace posible sólo después de la implementación de un mecanismo de comunicación global, que se llama la World Wide Web. Gracias a este sistema, nacido entre mediados de la década de 1980 y principios de la década de 1990, los ordenadores con conexión a Internet podían interactuar, intercambiando mensajes, noticias e información, incluso a miles de kilómetros de distancia. También por esta razón la web viene confundida a menudo con Internet en sí, pero en realidad es un servicio bien distinguido que actúa a través de Internet.

Inicialmente, el sistema World Wide Web (más tarde conocido simplemente por el acrónimo www) fue utilizado por físicos en institutos de investigación. Las universidades participaron posteriormente y, sólo en 1993, se decidió liberalizar la Web.

El potencial de este sistema inmediatamente apareció interminable. Los mercados financieros no podían dejar de aprovechar las posibilidades que ofrece este escenario, no tanto para la atracción de nuevos trader, sino sobre todo para garantizar la posibilidad de abrir posiciones en tiempo real, optimizando las estrategias implementadas por todos y cada uno de los inversores.

La web, además de permitir la transmisión de datos, tiene la función de garantizar la seguridad de las transacciones financieras realizadas. En este sentido, la evolución de la World Wide Web ha tomado el camino de la expansión controlada. La idea era seguir el principio utilizado en las primeras comunicaciones por Internet realizadas con fines militares, de manera que se garantizara la protección de los datos y la información intercambiada y, posteriormente, permitir una transmisión de valores monetarios virtuales con confianza.

La euforia asociada al uso de los nuevos medios de comunicación, sin embargo, provocó una burbuja, conocida como dot-com, que en 2001 causó el fracaso de un gran número de start-ups y sitios web. La recuperación actúa como cuenca para todas las empresas que han sido capaces de sobrevivir al crack informático, entre ellas destacan los nombres de Google y Amazon.

Incluso en el trading online, esta burbuja causó enormes pérdidas entre los comerciantes, obligando a muchos de ellos a salir del mercado permanentemente. Otros, por otro lado, lograron anticipar hábilmente el colapso, obteniendo enormes beneficios y gran éxito a nivel planetario.

La World Wide Web de estos años se convierte en uno de los principales elementos de cualquier mercado, incluido el financiero, siendo utilizado consistentemente tanto por las personas en el lugar de trabajo como en el ámbito personal.

1.1.3 – La revolución financiera estadounidense

Desde la década de 1970 hasta principios de la década de 2000, los Estados Unidos vive un periodo de tiempo, conocido la revolución financiera. En estos treinta años, caracterizados por una concepción liberal del mercado, hay un aumento considerable y constante de la liquidez, se crean nuevos instrumentos financieros que conquistan los mercados y los precios de los bienes, en particular el Petróleo

Sufren un aumento considerable: la revolución financiera se convierte así en una consecuencia casi inevitable de las condiciones que han surgido en el mundo. Los instrumentos financieros en este período se caracterizan por una tasa muy alta de volatilidad y especulación, con flujos generalmente efímeros y con gestión por parte de los fondos e instituciones a cargo que no muestra correlación con el desempeño de la economía real. Por lo tanto, todas las empresas financieras implementan sus estrategias con el fin de obtener beneficios a corto plazo, tratando de optimizar los beneficios: el riesgo en una gestión de este tipo es, sin embargo, muy alto.

Los propios gobiernos de los distintos Estados del mundo no están logrando seguir el ritmo de la velocidad con la que evolucionan los mercados, por lo que están tratando de remediar esta situación mediante la realización de acuerdos comerciales y financieros con otros estados y regiones. Pronto el volumen de las finanzas mundiales supera al de la producción mundial, creando así una situación de gran dificultad planetaria. Por lo tanto, los bancos, las empresas y los hogares se verán impulsados a la deuda, alentados por las bajas tasas de interés y la posibilidad de realizar inversiones baratas.

En realidad, se trata de transacciones de muy alto riesgo, que generalmente resultan en una pérdida: de esta manera, los sujetos no son capaces de pagar sus deudas, hundiéndose en un fracaso financiero.

En los Estados Unidos, se crean expectativas falsas positivas sobre la evolución de los mercados inmobiliarios. Además, el mercado de hipotecas subprime, considerado uno de los mercados más riesgosos, se infla en volúmenes y precios mediante el uso de titulizaciones.

La burbuja financiera finalmente estalló debido a todos estos acontecimientos, en los primeros años del nuevo siglo. De hecho, el valor de los bienes inmuebles creció de tal manera que ya no era capaz de cubrir los riesgos asociados a ellos, y las titulizaciones y derivados utilizados en este sector como instrumentos financieros de todos los mercados financieros participaron en el estallido de la burbuja.

En particular, en 2007 casi todos los sujetos activos habían sentido el probable colapso

financiero y decidieron invertir en los llamados activos de refugio seguro, representados, por ejemplo, por el oro, el petróleo o los productos básicos. Al hacerlo, sin embargo, ha habido un aumento repentino de los precios que ha empujado a gran parte de la población mundial por debajo del umbral de pobreza.

Esto conduce a una búsqueda frenética por parte de las entidades de crédito de valores considerados infectados. En un clima de total desconfianza, sin embargo, parece muy difícil conseguir que los créditos comiencen de nuevo, tanto dentro como fuera de los circuitos bancarios. La consecuencia es el colapso del producto interno bruto, que puede dar lugar a una disminución a veces vertiginosa de la producción, el empleo y el consumo.

1.1.4 – Trading online en Italia

El origen del trading online en Italia se remonta a 1993. Durante este año, de hecho, la bolsa de valores italiana concedió la autorización para operar en el mercado financiero y en el mercado de valores a través de instrumentos de acción automática. Esto abrió el mercado permanentemente para los trader que querían comprar y vender posiciones a través de Internet.

Dos años más tarde, en 1995, tomó forma la primera plataforma de trading online real. Con un gran retraso en comparación con los Estados Unidos, el auge de las inscripciones y el acceso al trading online en Italia se produjo en 1999, gracias en parte a la propagación de las redes de Internet en todo el país y a la campaña publicitaria emprendida por los grandes broker del mundo.

El auge del trading online italiano no podía pasar desapercibido, por lo que

CONSOB, el supervisor del mercado de valores italiano, ha aplicado el nuevo Reglamento de Activación del Texto Único de los Mercados Financieros, con esto toda la actividad realizada en los mercados financieros está regulada. La aprobación de Consob convirtió el trading online en un verdadero fenómeno de masas. El aumento del número de trader ha dado lugar a una velocidad cada vez mayor de conexión, una mejor gestión de los datos, sistemas de seguridad cada vez más vanguardistas; instituciones de crédito y bancarias con el fin de facilitar el acceso a los mercados financieros directamente desde su origen.

El trading online también ha evolucionado para llegar a todos los dispositivos que pueden conectarse a Internet. En particular, desde 2003 las primeras aplicaciones comerciales descargables han nacido en dispositivos móviles, que permiten abrir y cerrar posiciones en el mercado desde cualquier lugar. Por supuesto, las plataformas móviles y las aplicaciones se han vuelto cada vez más refinadas, gracias a la capacidad de los broker de insertar indicadores y osciladores que pueden proporcionar señales importantes a los usuarios. Gracias a estas herramientas, la expansión del trading online en Italia nunca se ha ralentizado, siendo visto en su doble forma como una verdadera profesión y método para redondear tus ganancias.

1.2 – Los requisitos para convertirse en un trader

A pesar de las diversas herramientas disponibles para los sujetos activos, convertirse en un trader profesional no es de ninguna manera fácil. De hecho, se requieren algunas habilidades, algunas innatas otras aprendidas, que cada trader debe poseer.

El primer requisito real es la posesión de la humildad. De hecho, cada comerciante debe reconocer cuáles son sus límites y actuar en consecuencia. Para tratar de respetar esta virtud es muy importante fijar metas, que sean realistas y sobre todo posibles. Si el trader ya ha alcanzado un objetivo siempre se recomienda cerrar su posición: dejar que los beneficios se ejecuten demasiado puede ser contraproducente, y un posible beneficio podría convertirse en una pérdida. Por esta razón es muy importante poder estar satisfecho, es decir, aceptar lo que el mercado ofrece, pero nunca exagerar.

El segundo requisito es el compromiso. El trabajo requerido de un trader, de hecho, no es sencillo: no solo se ve obligado a dedicar mucho tiempo al estudio del mercado y series históricas, sino también a la implementación de una estrategia válida. El compromiso y el esfuerzo son aspectos clave que un aspirante a trader debe considerar absolutamente. La profesión del trader es por lo tanto una profesión que no le permite obtener dinero fácil, pero que, como cualquier otro trabajo, requiere perseverancia y responsabilidad.

Además, se debe alentar a cada trader a mejorar continuamente, lo que sólo puede lograrse mediante el estudio constante del mercado y con un intento continuo de ampliar sus conocimientos en el campo del mercado de valores y las finanzas. Esto también significa que la actividad del trader debe ser conmovida por una pasión central, que guía cada acción tomada tanto durante la fase de análisis y durante la fase de inversión real.

Otra característica que se requiere del trader es la paciencia. Sobre la base de la estrategia implementada, de hecho, pueden ocurrir períodos de inactividad más o menos largos. Especialmente durante las llamadas fases laterales del mercado, se hace prácticamente imposible identificar una tendencia que caracteriza al mercado, por lo que se recomienda no abrir posiciones. Por lo tanto, el trader no debe invertir de acuerdo a sus propios sentimientos e instintos, ya que terminaría yendo en contra de su propia estrategia y tal vez perdiendo parte del capital.

Por último, a menudo se pide a los trader una comparación. Cada período de actividad, de hecho, se puede comparar tanto con el desempeño económico de otros comerciantes, como con su propio desempeño en períodos pasados.

Ser consciente de la eficacia de la estrategia implementada a lo largo del tiempo es muy importante para permanecer en el mercado con éxito a medio y largo plazo.

Además de estos cinco requisitos, hay elementos adicionales que tendrán que ser abordados por el trader. En primer lugar, Money Management, que es quizás la base de toda la estrategia que cada inversor tendrá que desarrollar. En segundo lugar, gestión de riesgos (Risk Management), que puede considerarse una rama de la gestión de capital, pero que merece una atención especial. Por último, la psicología es esencial, entendida como el abandono total de los sentimientos durante cada etapa del trading online.

1.2.1 – Money Management

La gestión del capital es la parte principal de una estrategia de trading online. Los

trader deben racionalizar el uso del capital que tienen a su disposición.

Los trader profesionales generalmente deciden no centrarse en una sola estrategia, sino implementar múltiples planes basados en diferentes conceptos teóricos, con el fin de aumentar las posibilidades de éxito.

Por lo tanto, Money Management centra su análisis en la decisión sobre la cantidad de capital a asignar, en función del porcentaje de riesgo y probabilidad de éxito.

Pero el Money Management también significa optimización de la inversión. La regla básica para un trader es: dejar que los beneficios se ejecuten y reducir las pérdidas.

Por lo tanto, el trader debe monitorear constantemente la intensidad de una tendencia para adivinar cuál es el momento adecuado para abrir y cerrar una posición dada.

1.2.2 – Risk Management

La gestión del capital se opone a la gestión de riesgos. Este aspecto de una estrategia es muy subjetivo, ya que se relaciona directamente con el apetito de riesgo que posee cada trader individualmente. Un apetito de alto riesgo permite la apertura temprana y la terminación diferida de ciertas transacciones. Sin embargo, es crucial determinar el límite más allá del cual un trader ya no está dispuesto a tomar el riesgo. Estos límites nunca deben superarse, ya que de lo contrario toda la estrategia estaría en riesgo, sufriendo grandes pérdidas y renunciando a beneficios significativos.

Para limitar los riesgos, por lo tanto, es bueno establecer los niveles de soportes y resistencias para cada tendencia. Puede establecer estos puntos utilizando ciertos indicadores, que le permiten identificar niveles máximos y mínimos futuros hipotéticos, tanto relativos como absolutos.

1.2.3 – Equilibrio y control de la psicología

Un tercer elemento que todo trader debe tratar de limitar son las emociones humanas. El trading online, de hecho, requiere un estado de racionalidad total, lo que no deja lugar a las tentaciones, resultado del aburrimiento o la desesperación. Los trader, de hecho, tendrán que enfrentarse a diferentes emociones a lo largo del período de actividad, ya sea corto, medio o largo. El inversor puede estar eufórico después de un período positivo, deprimido como resultado de un período negativo, aburrido durante las etapas laterales del mercado, o cansado durante la fase punta de una tendencia. Sin embargo, cada estado de ánimo no debe afectar a la actividad de inversión y no debe conducir a la apertura o cierre de posiciones sin las condiciones estudiadas e hipotéticas en su estrategia. Por lo tanto, el trader debe ser capaz de gestionar su propia psicología, constantemente retrocediendo su propio equilibrio, para que nunca pierda su racionalidad.

Capítulo 2 – Las herramientas del trading online

Los activos negociados por los mercados financieros se conocen como productos financieros. Sin embargo, no hay ninguna definición que pueda identificar completamente un producto financiero.

Esto puede entenderse como una forma de inversión financiera, detrás de la cual la obtención de un valor monetario como contraprestación siempre está oculta.

El artículo 58/1998, conocido como texto único de las finanzas, tampoco proporciona una definición clara y precisa de un producto financiero, sino que se centra más en la relación entre el producto financiero y el instrumento financiero. Por lo tanto, este último puede considerarse como un subconjunto del primero.

Una de las mayores dificultades para un trader es encontrar la información correcta sobre los instrumentos financieros individuales. Hoy en día varias páginas web informan en tiempo real de las evoluciones de los productos, pero el trader tiene que averiguar cuál de estos sitios informa los datos y la información recibida por el mercado correctamente, de lo contrario basaría todo el análisis de estadísticas incorrectas. También hay periódicos que realizan el mismo servicio, pero, por supuesto, los datos no siempre se proporcionan en tiempo real y muestran los valores de stock y no los flujos. Sin embargo, pagando una suscripción mensual, se puede acceder a las páginas web de los mismos periódicos, para que poder recibir todas las estadísticas correctas a tiempo.

2.1 – Los principales instrumentos financieros negociados

Los trader deben basar su análisis en el estudio de los instrumentos financieros negociados en los principales mercados. El estudio debería centrarse tanto en el examen de las series históricas como en los acontecimientos económicos que podrían influir en la evolución de los precios de los instrumentos. Por lo tanto, es esencial monitorear constantemente las tendencias del mercado, identificar eventos relevantes para el propósito económico y marcarlos con mucha anticipación a un calendario e incluso estudiar todos los índices presupuestarios de las empresas que caracterizan el mercado.

Específicamente, los trader necesitan mirar ciertas categorías de instrumentos financieros, tales como acciones, bonos, derivados, contratos por diferencia, contratos de opciones, fondos negociados en bolsa (Exchange Traded) y fondos de tipo de intercambio futuros (futures).

2.1.1 – Acciones

Las acciones se consideran el instrumento financiero por excelencia. Son esencialmente las acciones de una sociedad limitada. Las acciones se caracterizan por el riesgo, ya que el titular no está seguro de que la inversión realizada pueda ser efectivamente remunerada. El rendimiento de las acciones se puede dividir en dos partes: la primera son los dividendos, es decir, la posible parte del beneficio que los accionistas deciden compartir; El segundo es el spread, es decir, la diferencia de valor tomada por el stock desde el momento de la compra hasta la venta.

Gracias a la simplicidad que los caracteriza, la acciones son uno de los instrumentos financieros más negociados dentro de los mercados financieros. Por supuesto, las acciones negociadas son las relacionadas con las empresas que cotizan en bolsa. En particular, en el comercio de la llamada flotación, es decir, la parte del capital que la compañía pone a disposición para el trading. La flotada representa la parte del capital corporativo que pertenece a accionistas no estables. Los trader generalmente deciden operar sobre acciones en empresas que tienen un alto free float, aunque operar con este tipo de instrumentos financieros puede ser complicado, debido a la alta competencia, pero también debido a las posibles irregularidades financieras que los participantes en el mercado ponen en marcha.

2.1.2 – Bonos

Los bonos son una forma de garantía, y es por eso que se definen y acreditan. Estos instrumentos financieros tienen la función de garantizar la devolución del capital invertido en el momento exacto en que expirará la misma garantía. El reembolso también se incrementa por una tasa de interés, que varía dependiendo de la duración de la garantía.

Un trader que quiera invertir en estos valores debe tener en cuenta varios factores. En primer lugar, el tipo de interés, porque sobre la base de este elemento se decidirá la futura devolución de la garantía. En segundo lugar, el inversor tendrá que comprender la duración total del bono y la edad en poder de la garantía cuando tiene la intención de abrir una posición en particular. También es importante evaluar el tipo de emisor de la garantía, con el fin de adivinar cuál puede ser el riesgo relacionado con el bono. Por último, es necesario analizar todos los datos macroeconómicos que nos permitan definir cuál es su desempeño económico. Antes de abrir una operación de este tipo, también es esencial definir el tipo de bono en el que se desea invertir. Dependiendo de la naturaleza del bono, los bonos pueden ser de propiedad estatal, es decir, caracterizados por una alta liquidez, las empresas, que tienen tipos de interés muy variables, y finalmente el gobierno, que agrupan bonos emitidos por agencias públicas y estatales. La naturaleza del bono, por lo tanto, también proporciona información importante que puede ayudar al trader en su inversión.

2.1.3 – Valores derivados

Los valores derivados son una forma particular de contrato que varía en función del valor tomado por el activo subyacente, es decir, las acciones, bonos o tipos de interés a los que se refiere el contrato.

Los valores derivados son probablemente los instrumentos

financieros que proporcionan un mayor equilibrio en el comercio. Por lo tanto, el trader debe intentar realizar una cobertura: su objetivo en tales inversiones es especular sobre el cambio en el precio de la acción derivada en relación con el precio del activo subyacente. Precisamente debido al mayor equilibrio, los valores derivados juegan un papel en la minimización del riesgo dentro del mundo de la negociación. De hecho, con el uso de esta forma particular de instrumento financiero, el inversor es capaz de transferir una parte del riesgo al precio del activo subyacente. Esto significa que el riesgo relacionado con la seguridad derivada se divide entre las partes que realizaron este contrato en particular, y cualquier pérdida tendría un impacto mucho menor que cualquier otra transacción comercial.

2.1.4 – Los CFD

Los contratos por diferencia, más conocidos por el acrónimo CFD, son instrumentos financieros que permiten a los trader obtener beneficios anticipando la evolución de los activos subyacentes. Por lo tanto, son una forma de valores derivados, que ofrecen economía, practicidad y rapidez. El trader debe decidir si abrir sus posiciones hacia arriba o hacia abajo, dependiendo de las previsiones hechas sobre la tendencia del CFD analizado.

Una de las mayores ventajas de los CFD es que el trader no tiene que mantener la acción para operar, como es el caso de las acciones. Esto significa que los inversores también están exentos de llevar a cabo toda la documentación que resulta de la compra de una acción, al tiempo que elimina todos los costos asociados con ella. Además, los CFD no tienen fecha de caducidad, por lo que el trader puede decidir mantener su posición abierta por un período de tiempo indefinido, incluso si tendrá que considerar los llamados costos nocturnos, es decir, las tarifas adicionales que se deben los broker para el comercio nocturno.

Por lo tanto, los CFD son instrumentos financieros diseñados para obtener beneficios a corto plazo invirtiendo en la evolución inmediata de las tendencias.

2.1.5 – Opciones y opciones binarias

Las opciones tradicionales y las opciones binarias son dos categorías muy diferentes de instrumentos financieros. A pesar de la naturaleza similar, debido al hecho de que las opciones binarias surgen en la idea de las opciones tradicionales, las mayores diferencias residen en el concepto de simplicidad de los títulos.

Un trader que decide comprar una opción tradicional debe centrar su atención

y análisis en la amplitud de la oscilación de tendencia, tanto por encima como por debajo de la media de tendencia. El trader debe identificar el momento adecuado para ejercer su opción, o decidir dejarla caer. Por el contrario, la opción binaria no permite la compra o venta del activo indicado en él, pero esto es sólo la base para averiguar si la opción binaria tendrá éxito o fallará.

Otra diferencia entre estos dos instrumentos financieros es la durabilidad. De hecho, la simplificación más importante de las opciones binarias es que pueden durar desde unos minutos hasta períodos más largos de incluso unas pocas semanas, estando con un plazo fijo. Una vez que la opción tradicional ha sido comprada, sin embargo, el trader está obligado a monitorear constantemente y tomar decisiones continuas sobre si mantener o no la posición abierta. Por último, las opciones binarias requieren significativamente menos capital inicial de lo que requieren las opciones tradicionales, y esto se puede traducir como una tasa de riesgo más baja.

2.1.6 – Exchange Traded Fund

El término Exchange Traded Fund identifica los fondos de inversión que se negocian dentro de los mercados de valores como activos reales. El objetivo de un ETF es replicar, a través de una gestión completamente pasiva, su punto de referencia, es decir, el índice tomado como punto de referencia.

Es posible imaginar el Exchange Traded Fund como un instrumento financiero a medio camino entre los fondos y la renta variable, que intenta incorporar dentro de él las fortalezas de ambos elementos. En particular, los ETF tienen bajo riesgo, impulsados por la diversificación, típica de los fondos de inversión, y la transparencia y rapidez típicas de la renta variable.

Si un trader decide comprar un Exchange Traded Fund, puede invertir en un índice completo, con rendimientos similares a los del punto de referencia, en tiempo real y con valores reales. Por lo tanto, es una situación ideal para el inversor, que no tiene más remedio que adaptar su estrategia para obtener beneficios a medio y largo plazo.

2.1.7 – Exchange Traded Commodity

Los valores de ETC, también conocidos como Exchange Traded Commodities, son instrumentos financieros emitidos como resultado de una inversión en el mercado de materias primas. Al igual que el ETF, el Exchange Traded Commodity replica directamente las fluctuaciones en los activos de referencia.

El ETC permite a los trader abrir ciertas posiciones en una sola materia prima, una posibilidad que es impedida para los inversores en ETF. Una vez más, los beneficios se refieren a un menor riesgo debido a la diversificación.

En este sector es posible observar un mercado primario, al que sólo pueden acceder algunas entidades autorizadas, llamadas intermediarios, y un mercado secundario, que en su lugar está abierto a todos los demás inversores. Es precisamente en este segundo mercado que se puede negociar ETC, con precios idénticos a los visibles en el mercado primario. Esta alineación de valores entre los instrumentos financieros en el mercado primario y el

ETC está garantizada por una serie de arbitrajes llevados a cabo por algunos intermediarios, con el objetivo de recrear en un mercado accesible a todas las mismas condiciones que se producen en el mercado primario.

2.1.8 – Exchange Traded Notes

Los ETN o notas negociadas en bolsa son instrumentos financieros similares a los ETF

y ETN, ya que fluctúan a raíz de la evolución del mercado de productos financieros primarios al que se refieren. Si las materias primas negociadas en bolsa se relacionan con inversiones en el mercado de materias primas, las notas negociadas en bolsa siguen el mercado de divisas, tipos de cambio e índices de capital y bonos.

Por lo tanto, se trata de una ampliación de la gama de instrumentos financieros en los que invertir incluso sin ser intermediarios autorizados, que el mercado secundario ofrece a los operadores.

Los ETN también son derivados libres de caducidad que le permiten operar en el mercado secundario, de la misma manera que en el mercado primario, al tiempo que reducen los costos y riesgos asociados con la inversión.

2.2 – Los futures

Los futures son instrumentos financieros que se negocian dentro del mercado de valores. Tanto por la estructura como por las características, los futures se incorporan a la categoría de contrato de término.

Por lo tanto, los futures son contratos estándar y no personalizables, por lo que es posible intercambiar este tipo de instrumentos financieros dentro de los mercados regulatorios, como el de venta libre (over the counter). Por lo tanto, las demás partes no pueden modificar las condiciones del contrato.

El objetivo del contrato es comprometer a una de las partes a comprar, una vez que expire el título, el activo establecido, que puede ser tanto un activo financiero como un producto. Los futures pueden extinguirse en modo natural, que consiste en la entrega del activo negociado al final del contrato, o con la liquidación anticipada del vencimiento, que prevé una operación de compensación.

2.2.1 – El nacimiento de los futures

La forma en que se negocian los futures tiene orígenes muy antiguos. De hecho, la necesidad de negociar un activo aún no poseído, posponiendo la entrega del mismo a una determinada fecha futura, surge dentro de los agujeros del Imperio Romano.

Aquí, de hecho, se negociaron bienes, especialmente productos agrícolas, que provenían de territorios alejados de Roma, que los tenderos aún no poseían.

En la Edad Media, sin embargo, la función de los mercados asumió las características de los mercados actuales. De hecho, durante las ferias que tuvieron lugar periódicamente en los diversos territorios, los agricultores y comerciantes ya acordaron el precio futuro de los productos recién sembrados. Una vez que se recogió el producto agrícola que se intercambiaba, la propiedad se entregaba al comprador y el contrato podía definirse como definitivo.

El primer mercado moderno del future nació en 1848. En esta fecha en Chicago, se inauguró la Junta de Comercio de Chicago, un mercado que nació como centro de intercambio exclusivamente por trigo, pero que con el paso de los años también se ha abierto al comercio de otros productos agrícolas.

El mercado de futures para divisas nació en 1972. Este es un período bastante reciente, especialmente en comparación con el que han surgido los otros tipos de mercado. Posteriormente, los mercados de futures se amplían incluyendo también las operaciones realizadas sobre los tipos de interés. El mercado de futures de divisas, por otro lado, nació sólo en 1983.

2.2.2 – Los distintos tipos de contratos

Los valores de los futures se pueden dividir en tres tipos, dependiendo del activo negociado. En primer lugar, hay los llamados currency futures (divisas). Se trata de contratos a través de los cuales las partes están obligadas a cambiar una moneda por otra. La característica especial es que el intercambio tendrá lugar sobre la base del precio propiedad de la moneda en la fecha de la realización del contrato. Los trader deciden invertir en este tipo de futuros tanto para reducir los riesgos asociados con la actividad comercial como para obtener beneficios sobre una base especulativa.

Un segundo tipo se llama commodity futures (materias primas). En este caso, los activos cubiertos por el contrato son bienes, que tendrán que ser intercambiadas en una fecha futura, ya fijados, al precio propiedad de los bienes en el momento de la negociación. Este precio incluye algunos costos que cargan al vendedor, como los costos de almacenamiento y los costos de seguro.

Por último, el tercer tipo es futuros del índice bursátil. Sin embargo, el funcionamiento de este tipo es diferente de los anteriores. De hecho, los índices bursátiles no se consideran bienes negociables, por lo que los precios no serán acordados entre las partes, sino que serán decididos por algunos organismos pertinentes que tienen permitido dar este paso.

2.2.3 – Cómo funcionan los futures

Sin embargo, en los mercados financieros actuales, el papel del future se ha anulado. De hecho, los trader utilizan los futures como una mera herramienta especulativa. Esto significa que sólo una parte muy pequeña, que está entre el 2 y el 3 %, termina con la entrega real de las mercancías acordadas. El resto, por lo tanto, se liquida antes de que expire el plazo.

En los últimos años ha habido un creciente deseo entre los trader de hacer estos contratos muy efímeros. Así que los futures también pueden terminar en cuestión de minutos, perdiendo así la función real para la que habían surgido en tiempos antiguos. Con estas actitudes, el mercado de futures ha cambiado. Hoy, de hecho, una de las principales características de este activo es la liquidez, creada como resultado de la alta tasa de especulación presente.

En las transacciones que tienden a terminar naturalmente, hay una lucha de precios entre vendedores y compradores. El primero, por supuesto, se beneficiará si el precio en el momento de la entrega es inferior al acordado en el contrato, y este diferencial representa un beneficio para ellos; el segundo, viceversa, quiere que el valor de los bienes comprados sea mayor en comparación con lo que realmente pagó, para que pueda revenderlos y ganar dinero.

Por lo tanto, se trata de una lucha perenne para transferir el riesgo a la otra parte y obtener ventajas de la negociación.

2.2.4 – Futures y CFD

Es muy importante no confundir futures y los CFD. Aunque ambos son instrumentos financieros derivados, hay algunas diferencias que colocan las dos acciones en diferentes niveles.

La primera diferencia radica en el mercado en el que se negocian estos dos instrumentos. De hecho, los futures sólo pueden ser negociados dentro de los mercados regulados; por otro lado, los Contratos por Diferencia se negocian en mercados secundarios y estandarizados, como los de venta libre.

Una segunda diferencia radica en el precio de los dos instrumentos financieros. El precio de los futures, de hecho, es ciertamente transparente, se decide con antelación y no hay posibilidad de cambio.

En los mercados CFD, sin embargo, el precio puede variar, ya que los broker a veces pueden intervenir en la relación libre oferta demanda y cambiar el valor del instrumento financiero negociado.

La presencia de una fecha de caducidad predeterminada da como resultado la formación de spreads con rangos mucho más amplios. Esto también se debe a la naturaleza de los futures, que nacen como contratos decisivos a largo plazo, pero que, como se ve, están reduciendo cada vez más su rango de tiempo. Los CFD, por otro lado, tienen valores de propagación relativamente bajos y nacen como contratos a muy corto o corto plazo.

2.2.5 – Futures e Forward

Los traders novatos también pueden confundir los futures con los forwards. Aunque ambos son valores derivados, hay algunas características que los diferencian. Ambas acciones tienen una operación similar, ya que se basan en el comercio de un activo y la entrega diferida en una fecha determinada. La principal diferencia, sin embargo, radica en el riesgo, ya que hay algunas organizaciones dentro de los mercados de futures, llamadas Cámaras de

Compensación (Clearing House), que aseguran que se cumplan adecuadamente. La presencia de estas instituciones conduce a una reducción significativa de la tasa de riesgo en los mercados de futures. Sin embargo, esto no sucede dentro de los mercados foward, dentro de los cuales la actividad comercial no está completamente cubierta.

2.2.6 – Para qué sirven los márgenes

Todo trader que desee concluir contratos de futures debe pagar un margen. Este elemento toma la forma de un depósito de garantía, que se pagará a favor de la Cámara de

Compensación (Clearing House). Esto se convierte en la contrapartida del trader en los contratos de futures: por lo tanto, la realización del contrato está sujeta al pago de dicho margen.

Los márgenes pueden ser iniciales, de entrega o de cambio. Los márgenes iniciales se calculan en un porcentaje, decidido por CH, del valor nominal del contrato. El margen inicial se reembolsa cuando expiran las futuras negociaciones.

El margen de entrega, por otro lado, toma la forma de una garantía de que el precio puede variar desde el momento en que se concluyen las operaciones al momento de la entrega del activo. Así que el objetivo es reducir el riesgo de la operación. Por último, el margen de cambio se relaciona con la liquidación diaria de todas las pérdidas y beneficios que cada trader participante ha realizado a lo largo del día. Este margen, a diferencia de los anteriores, sólo se puede pagar en efectivo.

2.2.7 – Las autoridades reguladoras y las Clearing House

El mercado de futures es menos arriesgado que otros tipos de mercado. La razón principal de esta garantía debe rastrearse en la presencia de una autoridad encargada de vigilar y regular el mercado.

El regulador realiza varias tareas importantes dentro de los mercados de futures. La primera tarea es definir y hacer pública la regulación que cada individuo debe cumplir dentro del mercado. El regulador también debe autorizar cada negociación individual y para cada uno de ellos definir los términos y cláusulas, de manera que se estandarice. Pero las tareas del regulador no se limitan a esto. Es responsable de supervisar el mercado, vigilar el comportamiento y las actividades de los autorizados a negociar, manteniendo al mismo tiempo una transparencia constante en el mercado.

La Clearing House, también conocida por el acrónimo CH, son en cambio agencias privadas que están autorizadas a monitorear el funcionamiento de la bolsa de valores future. Las Clearing House, por cada acción de la bolsa, asumen el papel de contrapartida en el contrato estipulado. En este paso, y por lo tanto la definición de todo el contrato de futures, está sujeto al pago de márgenes. El objetivo de los CH es garantizar el bien de la negociación mediante el ajuste de los precios de los futures sobre una base diaria.

Además, las CH se encargan de difundir toda la información relacionada con el mercado y de interés para los inversores. Por último, asume la carga de garantizar la conclucion del contrato future, supervisando la correcta entrega de los bienes, una vez que el future haya expirado.

2.3 – La normativa del trading

El trading online es una actividad sujeta a una intervención regulatoria continua. En Europa, la legislación de referencia es la Directiva 2004/39/Ce, cuyo objetivo es proteger a los inversores y crear un mercado basado en la armonía y la integración.

En particular, la legislación tiene por objeto garantizar que todos los inversores estén seguros durante todas las fases de la inversión. Los que operan en el mercado deben tener ciertas certificaciones, que garanticen el cumplimiento total de las normas. Los intermediarios también deben cumplir ciertas obligaciones, como la profesionalidad y la transparencia.

Todos los Estados, tanto de la UE como de terceros países, han intentado en los últimos años aplicar una legislación que siga la misma línea lógica. El proceso de integración y armonización entre las distintas normas se ha llevado a cabo en un intento de crear una única fuente legislativa de la cual apoyarse.

En particular, en Europa la creación de un marco financiero único ha traído beneficios significativos para aquellos que desean comprar o vender productos. De hecho, una empresa financiera puede, hoy en día, invertir en todos los mercados europeos sin tener que establecer filiales extranjeras.

La legislación aplicada por la Unión Europea, llamada MIFID, está en constante evolución, tanto para cubrir las lagunas como para aferrarse a todos los cambios que se producen a diario en el mundo de las finanzas. El MIFID, por lo tanto, sufrió cambios importantes en 2014, año en el que se aprobó el llamado MIFID 2, y en 2017. En particular, este último cambio ha traído importantes cambios regulatorios con respecto a la regulación del llamado trading super rápido, es decir, todas aquellas inversiones con un vencimiento casi inmediato.

Capítulo 3 – Los broker online

Cualquier trader que quiera ganar dinero mediante el trading online debe necesariamente ponerse en contacto con un broker online.

Los broker online son de hecho los intermediarios financieros que unen a los trader individuales con los activos (asset). Estos tipos de sociedades nacen con el advenimiento de Internet y el nacimiento del trading online. Gracias a los broker online, los trader ya no están obligados a viajar físicamente a los lugares adecuados con el fin de abrir una transacción financiera, serán capaces de hacer sus inversiones desde cualquier lugar.

Con el fin de hacer esto posible, los broker online han creado plataformas. Estos informan en tiempo real de las diversas fluctuaciones en el mercado, que se reproducen en gráficos.

Algunos broker han creado sus propias plataformas, equipadas con herramientas, como indicadores y osciladores, que pueden proporcionar información importante a los usuarios, mientras que otros broker utilizan plataformas externas.

3.1 – El rol de los broker online

Los broker online desempeñan un papel destacado dentro de los mercados financieros. Los trader, de hecho, con el fin de poder acceder, de una manera casi directa, a la bolsa de valores debe ponerse en contacto con un broker. Cada broker debe estar autorizado por el organismo competente para realizar este tipo de servicio, sobre la base del cumplimiento de las normas y obligaciones pertinentes sobre las mismas.

Con los años, los broker online se han vuelto cada vez más importantes en el mundo de las finanzas. Hoy en día, algunos broker se consideran verdaderos creadores de mercado, es decir, empresas que pueden gestionar y monitorear todo el mercado al que se refieren. Decidir confiar en intermediarios gestionados por el mercado ahorra dinero y tiempo. De hecho, los creadores del trading online, actuando directamente en el mercado, requieren tarifas más bajas y menos tiempo de actividad. Por otro lado, actuando a través de los llamados broker ECN, los broker que no están directamente activos en el mercado, conduce a un aumento tanto en los costos como en el tiempo. A veces la apertura de una operación pasa a través de múltiples broker ECN antes de llegar a un fabricante en el mercado de broker: en este caso el trader corre el riesgo de perder el tiempo óptimo para entrar en el mercado, obteniendo menores beneficios o, en el peor de los casos, pérdidas.

Debido a su posición de relevancia, los broker son impugnados por supervisores en casos de improcedencia e incumplimiento de la normativa vigente.

3.2 – Tipos de broker online

Los broker online pueden ser empresas bancarias o no bancarias. Solo los broker bancarios pueden ofrecer a sus usuarios servicios relacionados con la banca, como abrir y utilizar cuentas corrientes. Los broker no bancarios son las llamadas sociedades de inversión de valores y broker, comunitarios y no pertenecientes a la UE, con sede en la Unión Europea.

Los broker bancarios son supervisados por el Banco de Italia, mientras que los broker no bancarios son supervisados por CONSOB.

3.2.1 – Los Bancos

Los broker bancarios ofrecen a sus clientes dos ventajas. La primera ventaja es la posibilidad de utilizar servicios bancarios incluso durante el curso de la actividad financiera. La segunda ventaja es la posibilidad de acceder al llamado fondo de garantía interbancario si el banco falla. Este fondo es capaz de cubrir a cada trader por un importe de 100.000 euros.

Hay bancos que ofrecen servicios básicos de trading online, bancos que ofrecen servicios avanzados para inversiones en el mercado financiero y bancos que no ofrecen ningún tipo de servicio. Un trader inexperto puede decidir acercarse al mundo del trading online confiando en los bancos con los principales servicios, con el fin de familiarizarse con la actividad de inversión y mejorar. Los trader profesionales, por otro lado, confían en bancos especializados en el trading online, que poseen los servicios más avanzados, capaces de apoyar actividades muy frecuentes e inversiones muy grandes.

3.2.2 – Empresas de Inversión Mobiliario (SIM)

En los últimos años, el número de SIM, es decir, las sociedades de inversión mobiliario, ha disminuido significativamente, a pesar de la integridad del servicio ofrecido a los operadores participantes. De hecho, las SIM son capaces de personalizar la relación entre trader y broker, ofreciendo colaboraciones que se adaptan al tipo de actividad que el trader pretende llevar a cabo en el mercado financiero.

La razón por la que muchos trader han decidido no confiar más en las SIM es la baja cantidad de cobertura de seguro, que alcanza un máximo de 20.000 euros para cada cliente. Además, las SIM ofrecen a los operadores servicios más limitados que los proporcionados por los bancos, y son menos propensos a adaptarse a la evolución del mercado.

A pesar de esto siguen siendo uno de los intermediarios más importantes del trading online.

3.2.3 – Los broker extranjeros

En Italia, hay un centenar de intermediarios extranjeros, con sede en la UE, pero generalmente controlados por empresas no pertenecientes a la UE.

Gracias a las nuevas normas europeas, los broker online con sede en Europa pueden actuar como intermediarios simplemente comunicando a CONSOB la voluntad de operar también en territorio italiano. De hecho, la legislación europea establece un principio de reconocimiento mutuo, según el cual un broker que actúa en cualquier Estado de propiedad de la UE puede actuar en toda la UE.

Si, por el contrario, los broker extranjeros no tienen una sede legal dentro del territorio europeo, entonces tendrán que cumplir con la normativa en el país donde tienen la sede legal. Generalmente estos tipos de broker se especializan en el comercio de Forex y opciones binarias.

3.3 – Instituciones de supervisión

Con el fin de garantizar la recaudación de las sumas obtenidas a través del trading online, la legislación europea y nacional han creado una serie de instituciones, con el papel de supervisión y control en los mercados financieros.

El Banco de Italia es responsable de supervisar las actividades realizadas por todos los intermediarios bancarios y no bancarios, que están inscritos en los registros correspondientes. El Banco de Italia ejerce su poder mediante la realización de controles e inspecciones a distancia en los lugares jurídicos de los intermediarios individuales.

Consob, la Comisión Nacional de Sociedades y la Bolsa de Valores, ha confiado la regulación de las actividades de inversión y la protección del ahorro público a CONSOB. CONSOB también verifica el cumplimiento de todas las obligaciones regulatorias de las empresas cotizadas dentro de los mercados regulados, con controles en profundidad en caso de que se encuentren violaciones.

La Autoridad de la Competencia también desempeña un papel primordial, que comprueba, a veces incluso la notificación directa de los afectados por mala conducta, la presencia de prácticas comerciales engañosas e inadecuadas, que pueden caer en las malas acciones. Se trata de una actividad de apoyo a las políticas llevada a cabo por el Banco de Italia y CONSOB.

En los últimos años, con el fin de proteger la actividad del trader, han surgido una serie de asociaciones. Reciben informes de los participantes en el mercado y actúan de manera que los organismos pertinentes toquen medidas decisivas. Las asociaciones de defensa del consumidor, así como la Autoridad de Competencia del Mercado, no requieren el apoyo de un abogado para hacer los informes.

3.4 – Cómo elegir el bróker en el cual confiar

No es fácil para un trader elegir qué broker satisface sus necesidades más. En primer lugar, antes de optar por un broker online en lugar de otro, el trader debe comprobar si el intermediario al que tiene la intención de confiar está en posesión de todas las certificaciones necesarias para operar en el mercado financiero.

Este paso puede parecer trivial, y en la realidad muchos trader, por comodidad, deciden interactuar con los broker extranjeros. En este caso, entender las cualidades y requisitos de estas instituciones es más complicado. Sin embargo, es posible pedir la ayuda de asociaciones de apoyo al consumidor que pueden guiar la elección del trader. El riesgo de no determinar la calidad del servicio ofrecido por su broker online es que no ve los beneficios obtenidos en la realización de la actividad comercial remunerada.

Una vez que haya seleccionado los broker considerados seguros, debe comprobar el tipo de servicio ofrecido. Un operador necesita entender en cuales activos permite invertir el bróker, pero también el porcentaje de retorno de las operaciones abiertas, las comisiones relacionadas con la actividad comercial y la velocidad de cobro de las sumas ganadas.

Todos estos aspectos varían de broker en broker. Así que el trader necesita entender qué servicio se adapta mejor a sus necesidades y elegir en consecuencia.

www.ingramcontent.com/pod-product-compliance
Lightning Source LLC
Chambersburg PA
CBHW070419220526
45466CB00004B/1473